Avez-vous decouvert La reelle beaute de l'Islam ?

Ecrit par le noble Sheikh
Dr. Naji Ibrahim Arfaj

L'islam à la portée de tous !

L'islam à la portée de tous !

AU NOM D'ALLAH, L'INFINIMENT MISERICORDIEUX, LE TRES MISERICORDIEUX

Premier chapitre : La partie visible de l'iceberg

Ce livre présente quelques exemples de la véritable beauté et grandeur de l'Islam.

- Il nous incite à avoir de bonnes intentions, une attitude positive et des sentiments aimables envers les autres.

- Il nous apprend à pardonner et à aimer pour les autres ce que nous aimons pour nous-mêmes.

- Il nous incite à sourire sincèrement et à être aimable avec les autres.

- Il nous apprend à agir de façon courtoise.

- Il nous ordonne d'avoir une bonne conduite et un comportement respectueux.

- Il nous enseigne à être doux envers les êtres humains, les animaux et notre environnement.

- Il nous demande de respecter et de prendre soin de nos parents, des personnes âgées, d'être bon envers notre famille, nos conjoints et nos enfants.

- Il nous encourage à aider, à nourrir et à soutenir les faibles, les pauvres, les nécessiteux et les handicapés.

- Il nous invite à penser, à raisonner et à fonder nos jugements sur la preuve.

Avant que je vous révèle le secret de l'Islam, permettez-moi d'ajouter qu'il…

- Nous enseigne que tous les êtres humains sont égaux indépendamment de leur race, couleur ou nationalité.

- Nous apprend à ne pas blesser, détester, transgresser, déposséder ou mépriser les autres.

- Nous indique de manière explicite pourquoi nous sommes ici, qui nous y a amenés, où nous nous dirigeons et quelle est notre destination finale.

- Nous apprend à vivre dans la paix et en bonne relation avec Dieu, les autres et nous-mêmes.

- Répond de manière claire à nos questions fondamentales et existentielles.

En effet, il mène à la vérité et la réussite certaine, à la tranquillité d'esprit, au vrai bonheur, au salut et à la vie éternelle.

Pouvez-vous croire que cette merveilleuse révélation soit… l'**Islam ?**

Si nos esprits sont prisonniers de préjugés et de vérités préétablies, nous ne verrons jamais la beauté ou la vérité des choses.

Il se peut que vous ayez des idées préconçues, négatives au sujet de l'Islam. Il se peut que vous le connaissiez seulement au travers des médias quand ils parlent de terrorisme – de ces quelques personnes qui revendiquent leurs actes terroristes au nom de leur religion. Il se peut que vous vous soyez documentés ou que vous ayez entendu parler de l'Islam à partir de sources inexactes ou incorrectes.

Alors, je vous invite à un regard objectif et à une ouverture d'esprit en lisant ce livre qui vous montrera la beauté, la clarté et la simplicité de l'Islam.

Témoignage de sa grandeur et de sa simplicité, l'Islam présente un exposé clair :

- Au sujet de la création de l'univers.

- Au sujet de la création des êtres vivants.

- Au sujet de notre spiritualité.

- Au sujet de la notion de Dieu.

- Au sujet du concept du culte.

- Sur le sens de la vie.

- Su sujet de la vie prochaine.

- Au sujet de notre dernière destination (Paradis ou Enfer).

- Au sujet de la voie à suivre pour atteindre le vrai bonheur et la récompense ultime.

Avant d'entrer dans le vif du sujet, voici quelques définitions islamiques essentielles :

Allah : en arabe, Allah est le nom du seul vrai Dieu, le Créateur. L'Islam enseigne qu'Allah est le Dieu de toute l'humanité. Les Arabes juifs et chrétiens avaient l'habitude d'utiliser ce nom (Allah) pour se référer à Dieu.

Muhammad (ﷺ) : c'est le dernier prophète du seul vrai Dieu (Allah), il (ﷺ) a été envoyé à toute l'humanité – paix et bénédiction d'Allah sur lui. Chaque fois que l'on citera son nom, on le fera suivre de l'icône (ﷺ) qui signifie « que la paix et la bénédiction de Dieu soient sur lui ».

L'Islam : signifie la soumission à la volonté du vrai Dieu (Allah).

Musulman : Celui qui se soumet à la volonté de l'Unique vrai Dieu (Allah).

Le Noble Coran : est la dernière révélation et la parole du vrai Dieu (Allah) révélé au prophète Muhammad ().

✿✿✿

Chapitre 2 : Réponse aux questions existentielles de l'humanité

L'Islam répond aux questions les plus cruciales et les plus importantes de l'humanité comme :

- Quelle est la Vérité ?
- Qui nous a créés ?
- Qui est notre vrai Dieu ?
- Qui est le dernier prophète de Dieu ?
- Qui devons-nous adorer ?
- Qui sommes-nous ?
- Pourquoi sommes-nous ici ?
- Qu'y a-t-il après la mort ?
- À quoi ressemble la vie suivante ?
- Quelle est notre dernière destination, le Paradis ou le feu de l'Enfer ?

- Comment pouvons-nous atteindre la véritable paix de l'esprit, la réussite et le vrai bonheur ?

- Comment pouvons-nous obtenir la vie éternelle ?

Avec un esprit et un cœur prêts à découvrir la vérité, lisez avec la plus grande honnêteté et jugez par vous-même.

Quelle est cette vérité ?

Dans l'Islam, le seul vrai Dieu (Allah) est à l'origine de la création tout entière. C'est ce grand Dieu (Allah) qui a créé Seul tous les êtres humains et les animaux, la terre et ses montagnes, les océans et les fleuves, les plantes et les forêts, le soleil et la lune, les galaxies et les orbites, les jours et les nuits. Toutes les autres choses dont nous avons ou non la connaissance, que nous avons ou non découvert, sont autant d'aspects de Sa création infinie.

Allah a créé la vie sur terre et l'univers dans leur totalité, y compris le temps, l'espace, l'énergie, et la matière. Allah supporte et contrôle également l'univers et tout ce qu'il contient.

Cependant, certains hommes pourraient s'imaginer que leur existence est due au « hasard » ou simplement à la « nature » ! En parlant scientifiquement, définissons ce qu'ils entendent par NATURE ! Qu'est-ce la « nature » ?

Vous serez d'accord avec moi pour considérer que la nature comprend les plantes et les planètes, les orbites et les galaxies, les vallées et les montagnes, les océans et les fleuves, la terre et le soleil, la lune et les étoiles, et encore bien d'autres éléments. Ces éléments sont-ils créés d'eux-mêmes ou résultent-t-il de l'action d'êtres humains ?

Le Saint Coran nous révèle :

❮ Ô hommes! Adorez votre Seigneur, qui vous a créés vous et ceux qui vous ont précédés. Ainsi atteindriez-vous à la piété[1]. ❯

❮ Il a créé les cieux et la terre en toute vérité[2]. ❯

❮ Et c'est Lui qui a créé la nuit et le jour, le soleil et la lune[3]. ❯

---

[1] S. 2, v. 21.
[2] S. 39, v. 5.
[3] S. 21, v. 33.

Souvent les personnes qui croient à la nature arguent le fait qu'elles ne croient pas en Dieu simplement parce qu'elles ne peuvent pas Le voir, Le toucher, ou mener une expérience sur Lui !

Il y a quelques années, mon voisin dans l'Oregon (États-Unis) m'a rendu visite à mon domicile. Nous avons discuté de plusieurs sujets parmi lesquels le concept de Dieu.

Mon voisin, un homme très vieux, refusant l'existence de Dieu, a touché ma table en disant : « Je crois en cette table puisque je peux la toucher... la ressentir ! »

Raisonnant avec lui, je lui ai désigné le lampadaire halogène de la pièce et je lui ai demandé :

- « Vous croyez à la puissance de l'électricité ? »
- Il a répondu : « Bien sûr. »
- J'ai demandé : « Pouvez-vous voir la puissance ou l'énergie qui génère la lumière ? »
- « Non », a-t-il répondu.
- Je lui ai alors posé ces questions : « Avez-vous déjà vu, à l'œil nu, l'air que nous respirons ?

- Avez-vous des sentiments ? Quelles sont leurs couleurs, leurs formes et leurs tailles ?

- Qu'est-ce que le sommeil ? Quelle est sa couleur ou sa masse ? »

- « Alors, à combien de choses croyons-nous ainsi sans les voir ? »

Plus tard, dans un hôtel à Oslo (Norvège), j'ai rencontré un jeune couple.

Au cours d'une discussion amicale avec l'homme prénommé Chris et son épouse, je demandais à Chris :

- « Alors, quel est le but de la vie ? ».
- Étonné, il a répondu : « C'est la première fois que j'entends une telle question ! ».
- Il a ajouté : « Je pense qu'il n'y a aucun but à ma vie » puis a conclu : « Je ne crois en aucun dieu ».
- J'ai demandé à Chris : « Pourquoi ? »
- Il a répondu : « Je ne l'ai pas encore vu. »
- Commentant sa réponse, je lui ai demandé en souriant : « Aimez-vous votre épouse ? Pouvez-vous voir physiquement cet amour ? Quelle est la couleur de votre amour ? Quel est le poids de cet amour ? »

Quelle fut la réaction de Chris et de son épouse ? Essayez de l'imaginer ! Ne pas être ainsi en réelle mesure de voir ou de mesurer cet amour abstrait ne les conduisaient-ils pas à refuser la réalité et l'existence de cet amour ?

Par la même analogie, si nous ne pouvons pas voir Dieu dans cette vie en raison de nos facultés et de nos sens limités qui ne nous permettent pas de comprendre Sa grandeur ; cela ne doit pas nous inciter à refuser Son existence.

L'existence de Dieu est évidente et facilement décelable dans un nombre infini de signes et dans les preuves qui se sont manifestées à travers la création des atomes, des cellules, des tissus, des muscles et de toutes choses créées.

Des milliers de prophètes de Dieu et les milliards de leurs fidèles tout au long de l'histoire de l'humanité ont attesté de l'existence de Dieu.

Est-il rationnel et logique de négliger le témoignage de toutes ces personnes qui sont autant de preuves pour la « science » quand les théories scientifiques décrivent seulement l'univers sans se poser la question suivante : Qui ou Quoi a créé l'univers tel qu'il est ?

En fait, scientifiquement, les possibilités pour que notre univers ait surgi par « chance » est quasiment nulle. Pourtant, la « chance » est la seule hypothèse avancée par les athées pour expliquer l'existence et la nature de l'univers.

Ceci étant exposé, veuillez considérez – s'il vous plaît – laquelle de ces idées est vraiment la plus logique : la croyance aveugle en un « hasard » qui régirait tout, ou la croyance en un univers créé et gouverné par Dieu ?

Quelques questions sont donc à considérer :

- L'univers est-il la création d'un créateur intelligent ou a-t-il surgi « par hasard » ?

- La « science » ou « la théorie de l'évolution » réfutent-elles l'existence de Dieu ?

Telle est la vérité de l'Islam :

- Il n'y a qu'un seul Dieu, le Créateur et Pourvoyeur de l'humanité (ﷻ).

- Nous ne devons pas considérer quelqu'un ou quelque chose comme supérieur ou égal à Lui.

- Le seul vrai Dieu (Allah) nous a créés pour ne reconnaître et n'adorer que Lui.

- Ceux qui L'adorent comme il convient et suivent parfaitement Ses commandements seront admis au Paradis et à la vie éternelle.

Par conséquent, ceux qui désobéissent à Dieu et suivent leurs passions et les tentations perfides seront envoyés en… Où selon vous ?

On ne peut atteindre le véritable bonheur et la paix de l'esprit que par la croyance et la soumission à l'unique vrai Dieu (Allah).

Qui est le vrai Dieu ?

L'Islam répond de manière claire et admirable à cette question cruciale et importante. Il nous révèle de nombreux détails sur le seul vrai Dieu, sur Son caractère unique et Ses qualités.

Le Saint Coran dévoile :

❰ **Dis : « Il est Allah, Unique. Allah, Le Seul à être imploré pour ce que nous désirons. Il n'a jamais engendré, n'a pas été engendré non plus. Et nul n'est égal à Lui[1]. »** ❱.

Il s'agit d'un chapitre complet du Saint Coran. Ce merveilleux et court chapitre, nous indique avec

---

[1] S. 112, v. 1-4.

concision la vérité suprême au sujet de Dieu (Allah) et de Sa véritable nature. Il répond de manière claire aux questions cruciales et importantes qui déconcertent des millions de gens.

Certaines des qualités qui distinguent ce vrai Dieu (Allah) des autres prétendus "dieux" sont les suivantes :

- Ce seul vrai Dieu est le Créateur, et non créé.

- Ce seul vrai Dieu est Unique ! Il n'a aucun égal.

- Ce seul vrai Dieu est invisible : personne ne peut Le voir dans cette vie. Il n'est pas matériel, ni incarné dans aucune forme.

- Ce seul vrai Dieu est éternel : Il ne meurt pas ni ne se transforme pas.

- Ce seul vrai Dieu n'a besoin ni de personne ni de quoi que ce soit, ni d'une mère, d'une épouse ou d'un fils, ni de nourriture, de boisson ou de secours. Ce sont les autres, êtres ou choses, qui ont besoin de Lui.

- Ce seul vrai Dieu est unique dans Ses attributs, personne n'est semblable à Lui. Aucune description humaine ne peut Lui être attribuée.

Avez-vous découvert ses secrets ?

En effet, l'Islam se manifeste à nous et parle à nos natures innées. Il parle à notre âme, à notre spiritualité et notre intellect.

Allah, qui connaît les mystères et les pensées de nos âmes, de nos esprits et de nos cœurs, nous révèle les secrets et les clés de leur tranquillité et de leur contentement.

COMMENT ATTEINDRE LA PAIX D'ESPRIT, LA SÉRÉNITÉ ET LE CONTENTEMENT ?

- Secret 1 : Connaître votre seul vrai Dieu.

- Secret 2 : Croire en Lui seul.

- Secret 3 : Suivre Sa volonté.

- Secret 4 : Croire aux prophètes de Dieu (dont le prophète Muḥammad (ﷺ)).

- Secret 5 : Evoquer Dieu.

- Secret 6 : Chercher le pardon de Dieu.

- Secret 7 : L'adorer Lui seul.

- Secret 8 : Aimer pour autrui ce que vous aimez pour vous-même.

- Secret 9 : Être généreux envers les autres et s'efforcer de les rendre heureux.

- Secret 10 : Faire preuve de sincérité et de piété.

En bref, ces dix clés secrètes à travers lesquelles nous pouvons atteindre la tranquillité et le contentement ainsi que la paix spirituelle, sociale, et mondiale comptent parmi les magnifiques trésors du Noble Coran et les paroles prophétiques.

Pour résumer, à travers ses deux principales sources authentiques : le Saint Coran et les Paroles Prophétiques, l'Islam nous enseigne que nous pouvons accéder à la paix de l'esprit, au bonheur et au salut en connaissant le seul vrai Dieu unique (Allah) et en croyant de plein gré et de tout cœur en Lui seul. Nous devons également croire en tous Ses prophètes – dont le prophète Muhammad (ﷺ) – et suivre leurs conseils et leurs enseignements.

Ainsi, la **passerelle vers une vie heureuse, accomplie et éternelle** réside dans la croyance et l'attestation de ce témoignage :

« J'atteste qu'il n'y a de divinité digne d'être adorée qu'Allah, sans rien Lui associer et j'atteste que Muhammad est le messager d'Allah. »

Cependant, l'Islam nous indique que croire seulement en Un Dieu et à Ses prophètes n'est pas suffisant pour obtenir la paix de l'esprit, le bonheur, et le salut !

Nous devons nous soumettre à la volonté d'Allah Seul en L'adorant et en nous conformant à Ses commandements. La **soumission** à la volonté de Dieu est l'essence même du message d'Allah.

Confirmant ainsi le vrai sens de la soumission à Lui et de la récompense promise à ceux qui croient et font de bonnes actions, Allah révèle dans le Coran :

❴ **Ceux qui croient et font de bonnes œuvres auront pour résidence les Jardins du « Firdaws » (Paradis)[1].** ❵

De manière comparable, la Bible rapporte ces paroles :

« *Comme le corps sans l'esprit est mort, la foi sans les actes est morte[2].* »

Fait remarquable, Jacques (4:7) a également évoqué la signification de l'Islam telle qu'elle a été discutée précédemment : « *Soumettez-vous donc à Dieu.* »

Aussi les musulmans sont-ils de vrais disciples de Jésus et de tous les prophètes. Un musulman désigne en effet une personne qui soumet sa volonté à l'unique vrai Dieu.

---

[1] S. 18, v. 107.
[2] Nouveau Testament, Épître de Jacques, 2:26.

Le vrai musulman a foi en Allah et fait de bonnes actions. Il obéit et suit les commandements que Jésus et les prophètes ont enseignés et appliqués, principalement à travers la croyance en un seul vrai Dieu, la prière, la prosternation genoux à terre en adoration, le jeûne, l'aumône et la charité en disant « si Dieu le veut » (*In sha Allah*), et en utilisant la formule de salutation de Jésus et des prophètes : « *Que La paix soit sur vous* » (*As-Salâmu ᶜAleykum*).

Ce sont là seulement quelques exemples et preuves qui mettent clairement en évidence la vérité, l'unité et l'universalité de cette grande et belle religion de tous les prophètes qu'est **L'Islam**.

En pratique, une personne qui est musulmane, ou qui voudrait le devenir, doit croire en six éléments qui se rapportent à la foi.

LES SIX ÉLÉMENTS DE LA FOI

- **Croire en Allah** : qui est Le seul digne d'être adoré. Croire à Son existence, Son unicité (« *Taw<u>h</u>îd* »), Sa seigneurie, Ses noms et attributs uniques.

- **Croire aux anges d'Allah,** qui ont été créés par Allah pour Le louer, pour Lui obéir et exécuter Ses ordres.

- **Croire aux livres d'Allah** : révélés à Ses prophètes et messagers (et non les récits relatés par divers hommes) : la Bible révélée à Jésus, La Thora révélée à Moïse et le Saint Coran qui est la dernière révélation pure et authentique de Dieu, révélée à Mu<u>h</u>ammad (ﷺ).

- **Croire aux messagers et prophètes**, notamment Adam, Noé, Abraham, Moïse, Jean-Baptiste, Jésus, et le dernier des prophètes : Mu<u>h</u>ammad (ﷺ).

Ainsi, la foi d'un musulman n'est pas complète s'il ne croit pas en Moïse et Jésus comme des prophètes envoyés par le vrai Dieu (Allah), le Créateur.

- Croire au Jour du jugement dernier : toute l'humanité sera jugée par Allah en fonction de sa foi, ses œuvres et ses actions.

Qui sont ceux qui seront ceux admis pour une vie heureuse et éternelle (au Paradis) et ceux qui seront jetés dans le feu de l'Enfer ?

- Croire au destin comme accomplissement de la volonté d'Allah et en Sa connaissance infinie de toute chose.

En cela, les croyants placent leur foi en Allah. Que le destin soit bon ou mauvais, ils doivent avoir pleine foi en Lui et accepter tout ce qu'Il fait.

Les musulmans s'efforcent de ne pas désespérer, de ne pas se décourager face aux difficultés qui peuvent les frapper. Ils se tournent vers Allah pour obtenir Son aide et Sa récompense.

Cette foi sincère en Allah et en Son décret conduit les musulmans à être en paix avec leur esprit et à être satisfait en dépit des agressions, des invasions et des oppressions subies, en dépit de l'expropriation de leurs terres, de l'exploitation de leur pétrole et richesses, malgré l'injustice, la partialité, la discrimination et la diffamation dont certains peuvent être victimes.

Voici exposés de façon brève les six articles de la foi de l'Islam auxquels un vrai musulman doit croire.

LES CINQ PILIERS DE L'ISLAM

Le croyant se doit de manière générale de réaliser de bonnes actions.

Au-delà de la croyance en ces articles de la foi (l'aspect théorique de l'Islam), l'Islam enseigne au musulman à se soumettre aux cinq piliers fondamentaux (l'aspect pratique de l'Islam). Les voici :

L'ATTESTATION DE FOI (DITE « SHAHÂDAH ») :

- Elle consiste à prononcer : « *J'atteste qu'il n'y a de divinité digne d'être adorée qu'Allah, sans rien Lui associer et j'atteste que Muḥammad est le messager d'Allah.* »

- En Arabe :

أشهد أن لا إله إلا الله وأشهد أن محمدا رسول الله

- En phonétique, cela correspondrait à :

« *Ash-hadu al-lâ ilâha illallah, wa ash-hadu anna Muhammadan Rasûlullah* »

Par ce témoignage, le musulman embrasse l'Islam en attestant de sa foi en l'unicité de Dieu et en la prophétie de Muhammad ().

Il est le reflet de la beauté et de la simplicité de l'Islam.

❀ ❀ ❀

La prière (Salât) :

Pratiquer les cinq prières quotidiennes obligatoires.

Elles s'effectuent debout, en s'inclinant, en se prosternant, en récitant des passages du Coran, en faisant l'éloge d'Allah et en demandant Sa miséricorde, Son pardon... et le Paradis.

Évoquons la beauté et le pouvoir des prières. Elles nous apportent la richesse spirituelle, le confort psychologique, le soutien, le soulagement, la tranquillité et le contentement de nos âmes, esprits et cœurs.

La noblesse de la prière est d'autant plus grande qu'elle a été prescrite non seulement par Muhammad () mais aussi par les précédents prophètes de Dieu tels Adam, Noé, Abraham, Moïse et Jésus qui se sont eux aussi prosternés devant l'unique vrai Dieu (Allah).

Ainsi, les musulmans suivent les traces de ces grands prophètes et messagers de Dieu.

De nombreuses autres grandes valeurs, comme l'amour de Dieu, la soumission et l'abandon à Lui, comme la supplication, la communauté (la Ummah), l'égalité, la sincérité, la patience et l'humilité sont également prônées et inculquées par la prière.

L'invocation sincère (« dhikr »), la supplication (« du‑â' »), la recherche du pardon (« istighfâr ») et la prière (« ṣalât ») - à Allah le seul - sont les clés de la sérénité, de la tranquillité et des bénédictions.

❰ Ceux qui ont cru, et dont les cœurs se tranquillisent à l'évocation d'Allah. Certes, c'est par l'évocation d'Allah que les cœurs se tranquillisent[1]. ❱

❰ Et votre Seigneur dit : « Invoquez-Moi, Je vous répondrai[2]... ❱

---

[1] S. 13, v. 28.
[2] S. 40, v. 60.

L'AUMÔNE LÉGALE (DITE « ZAKÂT ») :

Elle est l'obligation de donner un certain montant déterminé de sa richesse aux nécessiteux.

La Zakât nous écarte de la cupidité et de l'avarice. Elle purifie notre argent et nos propriétés et nous apprend l'entraide et le partage.

Pont d'amitié et de respect mutuel entre les riches et les pauvres, l'aumône favorise le soutien, l'aide, la coopération et la solidarité entre tous les membres de la société.

LE JEÛNE (DIT « SAWM ») :

Il est l'abstinence de nourriture, de boisson, de rapports conjugaux de l'aube jusqu'au coucher du soleil.

Parmi les bénéfices tirés du jeûne, on relèvera :

Bienfaits spirituels :

- Il développe la piété et la sincérité.

- Le jeûne du mois de Ramadan est une grande occasion pour atteindre la miséricorde de Dieu et

Son pardon, pour s'efforcer d'obtenir la vie éternelle au Paradis et être sauvé de l'Enfer.

<u>Bienfaits moraux et émotionnels</u> :

- Pendant le jeûne du mois de Ramadan, nous faisons l'expérience de la faim dont souffrent des millions d'hommes dans différentes parties du monde.

- Ce jeûne nous incite à partager, à ressentir, à être humbles, généreux et gentils.

<u>Bienfaits éducatifs</u> :

- Le jeûne nous enseigne de nombreuses leçons. Nous apprenons par exemple à nous détacher des mauvaises habitudes - comme la consommation excessive de nourriture - ou à les quitter totalement. En outre, il apporte plus de discipline dans notre comportement et nous entraîne à être patients et contenus.

- Il nous rappelle que les prophètes de Dieu comme Muhammad (ﷺ), Moïse et Jésus avaient eux aussi l'habitude de jeûner.

<u>Bienfaits sur la santé</u> :

- Grâce au jeûne, le corps se débarrasse des toxines et des graisses superflues. Les médecins et nutritionnistes le recommandent et le qualifient de

« brûleur ». Il est considéré par ailleurs comme un traitement curatif, puisqu'il est un bon remède pour certaines maladies.

Voici seulement quelques-uns des avantages et des beautés du jeûne du mois de Ramadan.

LE PÈLERINAGE (DIT « HADJ ») :

Le Hadj est le pèlerinage à La Mecque que tout musulman doit accomplir une fois dans sa vie, à condition qu'il en soit physiquement, mentalement et financièrement capable.

Comme les autres piliers et principes de l'Islam, les beautés, les leçons et les bénéfices du pèlerinage sont nombreux.

Des millions de croyants de différentes couleurs, races et régions du monde répondent à l'appel d'Abraham. Les valeurs et les nobles concepts de l'Islam peuvent être mis en pratique durant le Hadj, notamment la soumission et l'obéissance à Allah, la fraternité, l'unité, la patience, le sacrifice, la prière, la charité et le jeûne.

Le pèlerinage est la plus grande assemblée religieuse de toute l'histoire de l'humanité. Cette convergence, encore aujourd'hui unique au monde, d'hommes qui servent un seul Dieu et un seul message a permis à Malcolm X, et à de nombreuses autres personnes, quand ils sont allés à la Mecque pour l'accomplir, de mesurer la beauté de la vraie foi, de la fraternité islamique et de l'égalité entre les croyants :

« *Mon pèlerinage a élargi mon champ de vision. Il m'a béni avec une nouvelle perspective. En deux semaines dans les Terres Saintes, j'ai vu ce que je n'avais jamais vu en trente-neuf années ici (en Amérique). J'ai vu toutes les races, toutes les couleurs - du blond aux yeux bleus à l'Africain à la peau noire - dans la vraie fraternité ! Dans l'unité ! Vivre comme un seul ! Adorer Allah comme un seul !* » - Malcom X.

Chapitre 3 : la beauté et la pureté du Noble Coran

Le Saint Coran est la constitution révélée par Dieu (Allah) pour réglementer et régir la vie en ce bas monde. Il révèle la connaissance parfaite du Créateur de Sa création. Il expose la vérité et invite les hommes à suivre cette voie. Les messages qu'il révèle sur la destinée humaine sont fondamentaux.

Le Coran éduque et élève au plus haut niveau spirituel, moral, intellectuel et social les croyants qui s'efforcent de comprendre et d'appliquer ses enseignements.

Le Coran est un miracle éternel donné comme preuve de sa prophétie à Muhammad (ﷺ), le dernier de ses prophètes. Il est d'une valeur unique et inimitable. Révélé il y a quatorze siècles, il reste aujourd'hui intact et inchangé sous sa version arabe initiale.

Désireux de partager avec vous quelques beaux versets extraits de cet océan infini de la Parole et

Sagesse de Dieu, il m'apparaît toutefois très difficile de prétendre parvenir à réaliser une sélection compte tenu de l'espace limité de ce livre.

Ainsi, pour découvrir les trésors de beauté et de pureté de la Parole du seul vrai Dieu, je vous suggère une lecture personnelle du Coran.

Il est recommandé de se procurer une copie du Saint Coran en version originale, ou la copie électronique du Coran à partir de sites web islamiques fiables.

Extraits de versets coraniques

Tous les versets coraniques sont les paroles de Dieu. Lisons et apprécions quelques textes magnifiques du Noble Coran qui nous éclairent sur certains concepts islamiques essentiels :

Le pardon et le salut

❦ Dis : « Ô Mes serviteurs qui avez commis des excès à votre propre détriment, ne désespérez pas de la miséricorde d'Allah. Car Allah pardonne tous les péchés. Oui, c'est Lui le Pardonneur, le Très Miséricordieux[1]. ﴾

En effet, Dieu pardonne tous les péchés lorsque nous retournons sincèrement vers Lui. Quand une âme se repent et revient à Allah, elle retourne vers son serviteur dans l'acceptation et le pardon. Quelle aubaine !

﴿ Allah aime ceux qui se repentent, et Il aime ceux qui se purifient[2]. ﴾

Dieu, dans l'Islam, est source de paix, de miséricorde et de pardon ; et non source de haine, de transgression ou de terrorisme.

Dans l'Islam, pour obtenir le salut et la vie éternelle, il suffit de retourner à Allah, de croire en Lui seul et de faire de bonnes actions - nul besoin de crucifier ou de tuer un innocent pour expier les péchés commis par autrui.

L'Islam ordonne également à ses disciples (les musulmans) de pardonner aux autres.

Ces magnifiques concepts de salut et de pardon en Islam témoignent d'une religion de miséricorde et de clémence.

---

[1] S. 39, v. 53.
[2] S. 2, v. 222.

La justice

❨ Ô les croyants ! Soyez stricts (dans vos devoirs) envers Allah et (soyez) des témoins équitables. Et que la haine pour un peuple ne vous incite pas à être injustes. Pratiquez l'équité : cela est plus proche de la piété. Et craignez Allah. Car Allah est certes Parfaitement Connaisseur de ce que vous faites[1]. ❩

L'Islam nous enseigne à être juste avec tout le monde, qu'il s'agisse d'amis ou d'ennemis, et à tout moment, que ce soit en temps de paix ou de guerre.

Il enseigne à ses disciples de se conduire avec une moralité et une justice exemplaires, non soumises aux désirs individuels, à des circonstances sociales et culturelles ou à un relativisme temporel.

❨ Allah vous commande de rendre les dépôts à leurs ayants-droit, et quand vous jugez entre des gens, de juger avec équité. Quelle bonne exhortation qu'Allah vous fait ! Allah est, en vérité, Celui qui entend et qui voit tout[2]. ❩

---

[1] S. 5, v. 8.
[2] S. 4, v. 58.

Les cinq nécessités

En tant que manifestation tangible de sa beauté, de valeurs éternelles, de miséricorde et de justice, le Coran nous enjoint de préserver les desseins universels de la législation islamique, que l'on nomme « Les cinq nécessités ».

L'homme ne peut se passer de la préservation de ces cinq nécessités s'il veut avoir une vie digne :

1. **Sa religion.**

2. **Sa vie.**

3. **Sa raison.**

4. **Son honneur**

5. **Ses biens** : la propriété humaine (l'Islam impose de gagner sa vie).

Ainsi, on peut lire dans Le Saint Coran que quiconque tue une âme innocente :

❮ **C'est comme s'il avait tué tous les hommes. Et quiconque lui fait don de la vie, c'est comme s'il faisait don de la vie à tous les hommes...**[1] ❯

La liberté de culte

---
[1] S. 5, v. 32.

Le Saint Coran dit :

❰ **Il n'y a aucune contrainte dans la religion...[1]** ❱

L'Islam reconnaît le libre choix de l'individu et sa liberté de conscience, il n'oblige personne à embrasser sa foi par la force. C'est la véritable beauté, justice, bonté et tolérance de l'Islam envers les non-musulmans.

Le croyant se doit d'être objectif et équitable lorsqu'il s'agit de juger les autres.

Allah nous dit dans le Saint Coran :

❰ **Et que la haine pour un peuple ne vous incite pas à être injustes. Pratiquez l'équité : cela est plus proche de la piété[2].** ❱

Je m'interroge face aux comportements injustes de certains dirigeants, politiciens, religieux, auteurs, historiens, gens des médias qui accusent l'Islam et les musulmans de terrorisme ; face à ceux qui prétendent que l'Islam s'est répandu par la force et l'épée ; face aux esprits malades et irrespectueux qui dépeignent Allah (le seul vrai Dieu) et son dernier prophète Muhammad (ﷺ) à travers les plus ignobles termes et images :

---

[1] S.2, v. 256.
[2] S. 5, v. 8.

- Est-ce cela que l'on qualifie de liberté d'expression ?

- N'y a-t-il pas deux poids deux mesures quand il s'agit de l'Islam (et des musulmans) et des autres religions ? Pourquoi les expressions « chrétiens terroristes » ou « juifs terroristes » ne sont-elles ainsi jamais entendues ? N'y-a-t-il aucun acte terroriste commis par les personnes de ces confessions ?

- N'importe qui peut-il insulter, maudire, mépriser les musulmans et leur foi, et les accuser d'être tous des terroristes ?

- Est-ce de cette façon que la civilisation, la démocratie et la liberté sont enseignées aux jeunes générations dans les écoles, les collèges et dans la société en général ?

- Des millions d'hommes et de femmes honnêtes, justes, sincères et ouverts d'esprit ont-ils été amenés à embrasser l'Islam par la contrainte et par l'épée ?

Ainsi, selon de récents rapports américains et occidentaux, la foi en l'Islam a connu la croissance la plus rapide au monde. Alors, pourquoi l'Islam ?

De nombreux livres, articles et sites Web réfléchissent au pourquoi et au comment de ces frères et sœurs convertis à l'Islam.

Sur ce sujet, je recommanderais de consulter notamment « *Islam Our Choice : Portraits of Modern American Muslim Women* » de Debra L. Dirks et Stéphanie Parlove.

L'égalité

❁ Ô hommes ! Nous vous avons créés d'un mâle et d'une femelle, et Nous avons fait de vous des nations et des tribus, pour que vous vous entre-connaissiez. Le plus noble d'entre vous, auprès d'Allah, est le plus pieux. Allah est certes Omniscient et Grand Connaisseur[1]. ❁

Les différents messages que renferme le dernier sermon du prophète Muhammad (ﷺ) concernent certains des droits les plus importants de Dieu sur l'humanité, et des hommes les uns sur les autres. :

« *Ô gens, votre Dieu est unique, et votre père est unique. Vous êtes tous d'Adam et Adam est d'argile. Un Arabe n'est pas supérieur à un non-Arabe, et un non-Arabe n'est pas supérieur à un Arabe. Un blanc n'est pas supérieur à un noir, ni un noir supérieur à un blanc. Vous êtes tous égaux. Personne n'a de supériorité sur les autres, sauf par la piété et la bonne action.* »

---

[1] S. 49, v. 13.

L'Islam prône ce concept merveilleux d'égalité et de lutte contre le racisme et les divisions, il nous enseigne à ne pas haïr ou rabaisser les autres en fonction de leur race, de leur couleur de peau ou de leur nationalité.

L'Islam offre une solution aux conflits actuels et aux discriminations raciales dont le monde entier est la scène et le témoin.

Dans l'Islam, les hommes noirs et les hommes blancs sont frères et sœurs et appartiennent à la même espèce humaine. Ils sont tous issus du même père, Adam, qui est fait de terre. Ainsi, nous sommes tous créés à partir de la terre et nous y retournerons tous en redevenant poussière.

Cette leçon importante adressée lors de son pèlerinage d'adieu par le prophète Muhammad (ﷺ) à 140 000 compagnons fut notamment celle retenue par Malcolm X lors de l'accomplissement de son Hadj (pèlerinage) à La Mecque.

Pourquoi certains éprouvent-ils donc alors le besoin de se comporter avec hauteur ou arrogance déplacée envers les autres ?

<u>L'universalité et l'unité du message d'Allah</u>

❮ Dites : « Nous croyons en Allah et en ce qu'on nous a révélé, et en ce qu'on a fait descendre vers Abraham et Ismaël et Isaac et Jacob et les Tribus, et en ce qui a été donné à Moïse et à Jésus, et en ce qui a été donné aux prophètes, venant de leur Seigneur : nous ne faisons aucune distinction entre eux. Et à Lui nous sommes soumis.[1] ❯

Les musulmans croient en tous les prophètes de Dieu : Adam, Noé, Abraham, Ismaël, Isaac, Jacob, Moïse, Jésus et Muhammad () - paix et bénédiction d'Allah sur eux tous.

Le prophète Muhammad () a dit :

« *De tous les prophètes, le plus proche de moi est Jésus, fils de Marie. Il n'y a entre lui et moi aucun autre prophète. Les prophètes sont des frères paternels ; leurs mères sont différentes, mais leur religion est une.* »

Quel est donc cette universelle et unique religion des prophètes de Dieu ?

❋ ❋ ❋

---

[1] S. 2, v. 136.

D'AUTRES NOBLES VERSETS À MÉDITER

La beauté, la douceur et la pureté du Noble Coran sont infinies, mais permettez-moi de citer quelques versets coraniques, sans commentaires ni explications. Je vous laisse libres de les lire et d'y réfléchir.

Essayez de déceler par vous-mêmes les trésors du dernier des Testaments, le Coran.

Allah et Son messager

❮ Allah a été véridique en la vision par laquelle Il a annoncé en toute vérité à Son messager en toute vérité...[1] ❯

❮ Muḥammad n'a jamais été le père de l'un de vos hommes, mais le messager d'Allah et le dernier des prophètes. Allah est Omniscient[2]. ❯

Sérénité et Paradis

---

[1] S. 48, v. 27.
[2] S. 33, v. 40.

❮ C'est Lui qui a fait descendre la quiétude dans les cœurs des croyants afin qu'ils ajoutent foi à leur foi. À Allah appartiennent les armées des cieux et de la terre; et Allah est Omniscient et Sage. Afin qu'Il fasse entrer les croyants et les croyantes dans des Jardins sous lesquels coulent les ruisseaux où ils demeureront éternellement et afin de leur effacer leurs méfaits. Cela est auprès d'Allah un énorme succès[1]. ❯

❮ Ô toi, âme apaisée ; retourne vers ton Seigneur, satisfaite et agréée ; entre donc parmi Mes serviteurs, et entre dans Mon Paradis[2]. ❯

Les hommes et femmes en Islam

❮ Les musulmans et musulmanes, croyants et croyantes, obéissants et obéissantes, loyaux et loyales, endurants et endurantes, craignants et craignantes, donneurs et donneuses d'aumône, jeûneurs et jeûneuses, gardiens de leur chasteté et gardiennes, invocateurs souvent d'Allah et invocatrices : Allah a préparé pour eux un pardon et une énorme récompense[3]. ❯

---

[1] S. 48, v. 4-5.
[2] S. 89, v. 27-30.
[3] S. 33, v. 35.

❧ Et quiconque, homme ou femme, fait de bonnes œuvres, tout en étant croyant... les voilà ceux qui entreront au Paradis...[1] ❧

Enseignements brillants

❧ Et concourez au pardon de votre Seigneur, et à un Jardin (paradis) large comme les cieux et la terre, préparé pour les pieux, qui dépensent dans l'aisance et dans l'adversité, qui dominent leur rage et pardonnent à autrui - car Allah aime les bienfaisants - et pour ceux qui, s'ils ont commis quelque turpitude ou causé quelque préjudice à leurs propres âmes (en désobéissant à Allah), se souviennent d'Allah et demandent pardon pour leurs péchés - et qui est-ce qui pardonne les péchés sinon Allah? - et qui ne persistent pas sciemment dans le mal qu'ils ont fait. Ceux-là ont pour récompense le pardon de leur Seigneur, ainsi que les Jardins sous lesquels coulent les ruisseaux, pour y demeurer éternellement. Comme est beau le salaire de ceux qui font le bien ![2] ❧

La bonté

---

[1] S. 4, v. 124.
[2] S. 3, v 133-136.

« Faites le bien envers les pères, les mères, les proches parents, les orphelins et les nécessiteux, (...) et ayez de bonnes paroles envers les gens[1]. »

Évocations et apaisement

« Ceux qui ont cru, et dont les cœurs se tranquillisent à l'évocation d'Allah. Certes, c'est par l'évocation d'Allah que les cœurs se tranquillisent[2]. »

Considérez donc, en conclusion de ces modestes pages, combien les vérités et les merveilles du noble Coran sont illimitées. Plus nous le lisons, plus nous faisons de découvertes et plus nous avons le sentiment de le lire pour la première fois.

De nombreux autres domaines d'intérêts tels que la linguistique, la science ou la nature miraculeuse du Coran mériteraient d'être traités, mais nécessiteraient un ouvrage supplémentaire.

---

[1] S. 2, v. 83.
[2] S. 13, v. 28.

Chapitre 4 : Arrêtons-nous un instant pour lire cette belle contribution[1]

« Une des beautés de l'Islam est la découverte que Dieu n'a pas créé l'humanité comme des êtres spirituels, et ensuite les laisse à l'abandon pour comprendre par nous-mêmes la valeur et le but de notre moi spirituel. Il nous a dotés d'un esprit critique qui s'interroge et recherche la vérité. Il a donné à chacun une source inépuisable de réponses aussi longtemps qu'il ou elle continue à y boire. À travers le prisme de la perfection de Dieu, sa lumière dessine un arc en ciel de miséricorde, grâce, justice, et nos âmes sont colorées avec la foi parfaite que Dieu a créée pour nous.

Dieu a créé le monde et tout ce qu'il contient pour le bien-être de l'humanité, il est donc tout à fait logique que

---

[1] Cette contribution est l'œuvre de Linda Barto : auteure, poète et artiste américaine, qui a écrit l'ouvrage : « La religion d'Adam et d'Ève ».

sa création comprenne une religion vraie et parfaite. Quelle est la religion que Dieu a ordonné à Adam et Ève?

Selon le Coran, la religion choisie pour nous est tout simplement la soumission totale à Dieu, qui, en arabe, est appelée Islam. Le Coran la décrit comme la religion d'Abraham, qui fut appelé l'ami de Dieu, qui s'était lui-même soumis à Dieu.

D'un point de vue islamique, chaque personne est née avec une âme soumise à Dieu, mais il ou elle est libre de faire des choix qui respectent ou se détournent de la juste vie à laquelle il ou elle a été créée.

À un certain moment de sa vie, chaque personne doit prendre une décision personnelle que ce soit de maintenir le cap de la soumission à Dieu ou de se livrer à un mode de vie corrompu, égocentrique, matérialiste et à la satisfaction blasphématoire. Bien sûr, beaucoup de gens sont écartés du véritable ou bon chemin par la faute de parents incrédules, suite à des circonstances tragiques ou manque de spiritualité. D'un point de vue islamique, seul Dieu est celui qui juge selon la compréhension de chacun et leurs aptitudes innées ; dans tous les cas, on peut être sûr que Ses décisions le jour du Jugement seront justes.

Quand une personne se soumet de son être tout entier à Dieu, tous les aspects de son être - l'esprit, le corps et l'âme – doivent se soumettre à Dieu. Garder son âme immaculée à travers la prière et l'adoration est d'une *importance vitale, mais il est également important d'exposer l'esprit à une connaissance complète et engager le corps dans un mode de vie sain. L'Islam offre la possibilité de découvrir votre être tel qu'il a été créé pour être. En devenant un musulman, vous devenez votre véritable soi, vous redémarrez et foulerez une nouvelle vie en laissant de côté tous vos bagages derrière vous.*

Les vérités dynamiques de l'Islam peuvent amplifier et clarifier les vérités de toutes les religions, tout en aidant les croyants à discerner et rejeter le mensonge. La portée de l'Islam est universelle. »

Chapitre 5 : La vérité au sujet du dernier prophète

Il est Muhammad (ﷺ), fils de ᶜAbdullah, né à La Mecque vers l'an 570 apr. J.-C...Il était connu par son peuple comme Al-Amîn (le digne de confiance).

Quand Muhammad (ﷺ) a atteint l'âge de quarante ans, l'ange Gabriel est venu à lui avec la révélation. Muhammad (ﷺ) a d'abord reçu l'ordre de transmettre le message divin à sa proche famille, notamment à son épouse Khadîjah. Puis il lui a été révélé qu'il devait transmettre l'Islam à l'humanité tout entière. Durant les années qui suivirent, le prophète a consacré sa vie à témoigner du message d'Allah auprès des autres hommes. Muhammad (ﷺ) demeure un modèle incomparable et parfait pour l'humanité.

En l'an 632, le prophète Muhammad (ﷺ) quitte ce monde, il est alors âgé de 63 ans.

Le prophète Muhammad (ﷺ) est appelé le « le sceau des prophètes. » Il est le dernier prophète à avoir été choisi par Dieu pour confirmer les précédents messages envoyés, y compris l'Évangile originel de Jésus.

Le Saint Coran témoigne que ❮ **Muhammad n'a jamais été le père de l'un de vos hommes, mais le messager d'Allah et le dernier des prophètes[1].** ❯

Confirmant le lien entre lui et Jésus, le Prophète Muhammad (ﷺ) dit : « *Si un homme croit en Jésus et croit en moi, il recevra une double récompense* ».

D'autre part, le prophète Muhammad (ﷺ) a dit : « *De tous, je suis le plus proche du fils de Marie [Jésus]. Tous les prophètes sont frères et il n'y a eu aucun prophète en lui et moi* ».

Ces citations nous montrent comment Muhammad (ﷺ) a honoré Jésus.

L'Islam a par ailleurs été annoncé par Jésus dans la bible. Je présenterai cette prophétie ultérieurement.

L'éminente personnalité du prophète Muhammad (ﷺ)

Muhammad (ﷺ) a été considéré tout au long de l'histoire, depuis son enfance, de la révélation de l'Islam jusqu'à sa mort, comme une grande

---
[1] S. 33, v. 40.

personnalité par son caractère unique et sa moralité sans faille - reconnus unanimement par les gens honnêtes.

Il était compatissant, honnête, sincère, gentil et humble. Chaque détail de sa vie privée et de ses déclarations publiques ont été exactement et authentiquement retranscrits et fidèlement conservés jusqu'à nos jours.

Il était un prophète, un messager, un enseignant religieux, un réformateur social, un guide moral, un leader, un homme d'État, un ami fidèle, un compagnon merveilleux, un époux dévoué, un père aimant.

Beaucoup d'ouvrages ont été consacrés à cet homme exemplaire.

Ramakrishna Rao, professeur indien de philosophie, a écrit un texte sur le dernier des prophètes – « *Muhammad : Le prophète de l'Islam* » - qu'il qualifie de « modèle parfait pour la vie humaine. »

Ramakrishna Rao note : « *il est difficile d'entrer dans la vérité toute entière de la personnalité de Muhammad. Voilà un aperçu que je peux décrire. Une succession spectaculaire de scènes pittoresques ! Il est Muhammad le prophète. Il est Muhammad le guerrier ; Muhammad l'homme d'affaires ; Muḥammad l'homme d'État ; Muḥammad l'orateur ; Muḥammad le réformateur ; Muḥammad le refuge des orphelins ; Muḥammad le protecteur des esclaves ; Muḥammad l'émancipateur de la femme ; Muḥammad le juge ; Muḥammad le Saint. Il est tous ces rôles à la fois, dans toutes ces activités humaines, il est aussi bien un héros.* »

En effet, en l'espace d'environ vingt-trois ans de mission prophétique, Muḥammad (ﷺ) a complètement métamorphosé la péninsule arabique :

- Du paganisme et de l'idolâtrie à la soumission à un Dieu unique...

- Des querelles tribales et des guerres à la solidarité et à la cohésion...

- De l'ivresse et de la débauche à la sobriété et à la piété...

- De l'anarchie à la vie disciplinée...

- De la faillite absolue de la moralité aux plus hauts niveaux d'excellence morale.

Une transformation aussi complète d'une société ou d'un lieu en l'espace de deux décennies n'a pas connu, et ne connaît pas d'équivalent dans toute l'histoire de l'humanité. Le passage d'un "avant" à un "après" relève des incroyables merveilles de l'Islam.

✾ ✾ ✾

Le prophète Muhammad () dans les écritures saintes

Bien que ce livre n'ait pas pour objet d'énumérer toutes les prophéties ayant annoncé la venue de Muhammad (ﷺ) dans les différentes écritures religieuses, je mentionnerais cependant que les savants musulmans en ont trouvé des témoignages dans des textes perses, hindous, bouddhistes, juifs et chrétiens.

Notons que la référence à Muhammad (ﷺ) dans d'autres écritures saintes est un sujet intéressant qui a été soulevé dans nombre de livres et d'articles, ainsi que sur Internet.

Pour de plus amples informations sur ce point, vous pouvez visiter le site Web de Zakir Naik's (www.irf.net) ou faire une recherche Internet en tapant les mots : « prophète Muhammad »,

« Muḥammad dans les écritures hindoues », « Muḥammad dans la bible », etc.

Parmi d'autres, le livre d'A.H. Vidyarthi et d'U. Ali a pour titre : « *Muḥammad dans des écritures Parsi, Hindoues, et Bouddhistes* ».

Dans son texte admirable, « *Muhammad dans la Bible* », le professeur Abdul-Aḥad Dawud (anciennement Révérend David Benjamin) commente la Bible qui annonce l'avènement du prophète de l'Islam - qui est « comme [toi] Moïse ». Il écrit :

« *Nous avons lu les mots suivants dans le livre du Deutéronome, chapitre 18, verset 18 : « Je leur susciterai du milieu de leurs frères un prophète comme toi, je mettrai mes paroles dans sa bouche, et il leur dira tout ce que Je lui commanderai. » Si ces mots ne s'appliquent pas à Muḥammad (ﷺ), ils restent alors lettre morte. Jésus lui-même n'a jamais prétendu être le prophète dont il est fait allusion...*

Jésus, comme on le croit en son Église, apparaît comme un Juge et non comme un législateur, mais le promis doit venir avec le « feu de la loi » dans « sa main droite ».

Les savants musulmans affirment que cette prophétie ne peut s'appliquer à nul autre que Muḥammad (ﷺ).

Moïse et Muḥammad (ﷺ) se ressemblent à bien des égards. Ils ont la même première lettre de leurs noms. Ils se ressemblent dans leur naissance naturelle, leurs mariages, leurs missions et leur mort naturelle. Les deux étaient des prophètes, des dirigeants et hommes d'État. Les deux ont apporté le « feu de la loi ».

Jésus, lui, est différent de Moïse à plusieurs aspects. Sa naissance, sa mission et sa fin diffèrent de celles de Moïse. Jésus ne s'est pas marié, n'a pas gouverné son peuple ni n'a combattu dans des guerres, contrairement à Moïse.

Il faut souligner qu'« un prophète parmi leurs frères » se réfère à un prophète issu des frères des Israélites (c'est-à-dire les Ismaélites).

Dans le Nouveau Testament, Jésus a promis la venue d'un autre prophète : « *et il vous donnera un autre Consolateur* ». (Évangile de Jean, 14:16)

Jésus a proclamé :

« *Cependant je vous dis la vérité : il vous est avantageux que je m'en aille, car si je ne m'en vais pas, le consolateur ne viendra pas vers vous, mais si je pars, je vous l'enverrai. Et quand il sera venu, il convaincra le monde en ce qui concerne le péché, la justice et le jugement... J'ai encore beaucoup de choses à vous dire, mais vous ne pouvez pas les porter maintenant. Quand le consolateur sera venu, l'Esprit de vérité, il vous conduira dans toute la vérité ; car il ne parlera pas de lui-même, mais il dira tout ce qu'il aura entendu, et il vous annoncera les choses à venir. Il me rendra gloire...[1] »* ()

Alors, qui est cet « autre consolateur » annoncé par Jésus pour venir après lui ?

Les savants musulmans déclarent que ce ne peut être que Muḥammad (ﷺ) sachant qu'il correspond à la prophétie de Jésus sur de nombreux points.

En voici quelques-uns :

- Muḥammad (ﷺ) est venu pour mettre en garde les hommes contre le péché et leur ordonner la justice. Il était un chef et un juge avec une « **loi** » dans « **sa main droite** ».

- La référence de Jésus à « **un autre Consolateur** » ne peut s'appliquer au Saint-Esprit, car le Saint-Esprit (qui fait partie de la Sainte Trinité - Dieu le Père, Dieu le Fils et Dieu le Saint-Esprit, selon les chrétiens qui croient en lui) était présent avant et durant la mission de Jésus. Alors que la Bible précise que cet "autre Consolateur " devait lui succéder.

---

[1] Évangile de Jean, 16:7-14.

- Muhammad (ﷺ) a, entre autres, guidé les hommes à la vérité ultime en leur indiquant le seul vrai Dieu, à la vérité concernant le but de la vie ici-bas, à la vérité sur l'au-delà et la vie éternelle.

- Muhammad (ﷺ) nous a montré les événements à venir à travers de nombreuses prophéties et miracles transmis par celui qui l'a envoyé pour nous éclairer, Allah.

- Muhammad (ﷺ) était un prophète qui n'a pas parlé « de lui-même », qui a dit tout ce qu'il a entendu (comme l'a annoncé Jésus) :

« Il a été l'instrument par lequel Dieu a révélé Sa Parole, le Saint Coran. Et Muhammad (ﷺ) récita la Parole de Dieu « au Nom d'Allah ».

La Bible a annoncé : « *il dira en Mon nom...*[1] »

Ainsi, les chapitres du Saint Coran sont précédés par les mots : « **Au nom d'Allah** ».

- Muhammad (ﷺ) et le Saint Coran ont fortement rendu gloire à Jésus.

En son honneur, nombre de musulmans aiment ainsi nommer leurs enfants « Issa » (ce qui signifie "Jésus" en arabe).

---

[1] Deutéronome, 18:19.

- Voici un extrait de l'Évangile selon Jean (1:19-21) :

« *C'est ici le témoignage de Jean, lorsque les Juifs envoyèrent de Jérusalem des sacrificateurs et des lévites pour demander à Jean : « Qui es-tu ? Il le confessa, et ne le désavoua point ; il le confessa en disant : Je ne suis point le Christ. Qui es-tu donc, lui demandèrent-ils ? Es-tu Élie ? Et il dit : Je ne le suis point. Es-tu le prophète ? Et il répondit : Non.* »

Les savants musulmans affirment que Muhammad (ﷺ) est celui qui est mentionné dans le passage du texte biblique cité ci-dessus : puisque Jean a répondu qu'il n'est pas *"le prophète"*, qui est alors ce prophète attendu ?

Il est clair que « *le prophète* » ne s'applique ni à Jean-Baptiste ni à Jésus-Christ.

Par conséquent, une personne sage, honnête et en quête de vérité devrait objectivement se demander :

- Qui est ce prophète ?

- Qui est le vrai prophète venu après Jean et Jésus pour transmettre leur message originel sur le seul vrai Dieu ?

C'est Muhammad (ﷺ).

CE QU'ILS ONT DIT À PROPOS DU PROPHÈTE MUHAMMAD (ﷺ)

De nombreux textes ont été consacrés au prophète Muhammad (ﷺ).

Voici quelques citations de personnalités célèbres :

- **Lamartine** (poète, romancier, dramaturge et homme politique français) a écrit :

« *Si la grandeur de l'objectif, l'infime quantité de moyens et des résultats extraordinaires sont les trois talents qui définissent le talent humain, qui peut oser comparer n'importe quel grand homme de l'Histoire moderne avec Muhammad ?* »

Lamartine ajoute :
« *En ce qui concerne les normes par lesquelles la grandeur humaine peut être mesurée, on peut se demander, est-il un homme plus grand que lui ?* »
(Histoire De La Turquie, Paris 1854 - Vol. II)

- **Michael H. Hart** (astrophysicien et essayiste américain), dans son livre, *Top 100 : « classement des 100 personnes les plus influentes dans l'histoire »*, a déclaré : « *Mon choix de Muhammad en tête de la liste* *des personnes les plus influentes du monde peut surprendre certains lecteurs et peut être mise en doute par d'autres, mais il était le seul homme dans l'histoire qui a été couronnée de succès tant sur le plan religieux et laïque.* »

Hart a conclu que « *c'est pour cette combinaison inégalée de l'influence laïque et religieuse que je considère Muḥammad comme le personnage le plus influent dans l'histoire humaine.* »

- **George Bernard Shaw** (essayiste et dramaturge irlandais), dans « *Le véritable Islam* », a écrit : « *Si un homme comme Muḥammad était amené à diriger le monde, il parviendrait à résoudre tous les problèmes et à ramener la paix et le bonheur.* »

George Bernard Shaw note : « *Il était de loin l'homme le plus remarquable qui n'ait jamais mis le pied sur cette terre. Il prêcha une religion, fonda un état, construit une nation, établi un code moral, a initié de nombreuses réformes sociales et politiques, a créé une société puissante et dynamique pour pratiquer et représenter ses enseignements et a complètement révolutionné le monde de la pensée humaine et le comportement de tous les temps à venir.* » (« *Le véritable Islam* », 1936, Vol. 1)

- **Gandhi** (dirigeant politique, guide du mouvement pour l'indépendance de l'Inde) a déclaré : « *Je suis désormais plus que jamais convaincu que ce n'était pas l'épée qui créait une place pour l'Islam dans le cœur de ceux qui cherchaient une direction à leur vie. C'était cette grande humilité, cet altruisme du prophète, l'égard scrupuleux envers ses engagements, sa dévotion intense à ses amis et adeptes, son intrépidité, son courage, sa confiance absolue en Dieu et en sa propre mission.* » (*Young India Newspaper*)

- **Goethe** (poète, romancier, dramaturge et homme d'État allemand) a estimé que :

« *C'est un prophète et non un poète et par conséquent son Coran doit être vu comme une loi divine, et non comme un livre d'un être humain écrit pour l'éducation, ou le divertissement.* »

- L'**Encyclopedia Britannica** (Vol. 12) dit :

« *Une masse de détails dans les sources premières montre qu'il [Muḥammad] était un homme honnête et droit qui avait gagné le respect et la loyauté d'autres hommes honnêtes et justes comme lui.* »

« *Muḥammad est le plus salutaire de tous les prophètes et des personnalités religieuses.* »

- **Thomas Carlyle** (historien écossais), dans *Héros et le culte du héros*, a déclaré :

« Comment un homme seul, pourrait souder les tribus en guerre et des Bédouins nomades en une nation plus puissante et civilisée en moins de deux décennies... »

« Les mensonges (calomnie occidentale) amassés autour de cet homme (Muhammad) sont honteux à nous-mêmes seulement. »

- **John Esposito** (professeur d'université et directeur fondateur du « Prince Alwaleed Bin Talal Center for Muslim-Christian Understanding » de l'Université de Georgetown) a écrit dans un ouvrage plus récent :

« Muhammad était parmi les grandes figures religieuses, les prophètes et fondateurs de religions, dont le caractère et la personnalité remarquable inspirent la confiance et l'engagement. Son succès phénoménal à attirer des adeptes et la création d'une collectivité et l'État qui a dominé l'Arabie pourrait être attribué non seulement au fait qu'il était un fin stratège militaire, mais aussi au fait qu'il était un homme hors du commun [...] les disciples de Muhammad le trouvent juste, digne de confiance, pieux, honnête et compatissant. » (L'Islam : Le Droit Chemin)

Esposito a noté que *« Muhammad n'était pas le fondateur de l'Islam, qu'il ne démarre pas une nouvelle religion. »*

Esposito précise en effet :

« *L'islam a apporté une réforme, c'était l'appel une fois de plus à une soumission totale (l'Islam) à Allah et à la mise en œuvre de Sa volonté telle que révélée dans sa dernière forme à Mu*h*ammad, le dernier, ou "sceau" des prophètes. Ainsi, pour Mu*h*ammad, l'islam n'était pas une foi nouvelle, mais la restauration de la vraie foi…* »

DE NOBLES CITATIONS PROPHÉTIQUES

Vous rappelez-vous ce qui a été mentionné dans la première partie « La partie visible de l'iceberg » de ce livre ?

Tous les concepts mentionnés ici sont issus du Coran et des paroles du prophète Muhammad (ﷺ), voici quelques-unes des citations prophétiques donnant un aperçu de leur beauté et de leur douceur :

- « *Une bonne parole est une aumône* »

- « *Un sourire sincère est une aumône* »

- « *Le meilleur d'entre vous est le meilleur dans son caractère* »

- « *Écarter une chose nuisible du chemin est une aumône* »

- « *Le meilleur [aspect] de la foi, c'est la patience et la tolérance* »

- Un homme a demandé au messager d'Allah (ﷺ) : « *Quelle action en Islam est la meilleure ?* ». Muhammad (ﷺ) a répondu : « ***Nourrir et saluer à la fois ceux que vous connaissez et ceux que vous ne connaissez pas.*** »

Par ailleurs, le prophète Muhammad (ﷺ) a dit :

- « *L'Infiniment Miséricordieux [Dieu] fait miséricorde à ceux qui sont miséricordieux. Si vous faites preuve de miséricorde envers ceux qui sont sur la terre, Celui qui est au ciel vous fera miséricorde.* »

- « *Nul de vous ne sera vraiment croyant tant qu'il ne souhaitera pour son frère ce qu'il souhaite pour lui-même.* »

- « *Celui qui mange à sa faim alors que son voisin passe la nuit sans nourriture n'est pas un croyant.* »

- « *Le puissant n'est pas celui qui frappe l'autre et le met à terre, en effet, le puissant est celui qui se contrôle dans un excès de colère.* »

- « *Dieu ne vous juge pas selon vos corps et apparences, mais Il scrute vos cœurs et juge vos actions.* »

- « *Le meilleur d'entre vous est celui qui est le meilleur envers sa famille, et je suis le meilleur d'entre vous envers ma famille.* »

- « *Les meilleurs d'entre vous sont ceux qui se comportent le mieux avec leurs épouses.* »

- « *Le meilleur de l'Islam est de se comporter avec douceur et tolérance.* »

- « *Les meilleurs compagnons sont les plus bénéfiques pour les [autres] personnes.* »

Ce sont là seulement quelques exemples des révélations prophétiques pleines de merveilleuses sagesses et à la valeur inestimable.

Ce qui a été dit et enseigné des relations et actions de Muḥammad (ﷺ) avec les autres, de ses mœurs, reflète d'une personnalité particulière et unique : le prophète représente la miséricorde, l'honnêteté, la sincérité, la bonté, l'honnêteté, l'humilité, la générosité, le pardon, la patience et la tolérance, ainsi que beaucoup d'autres grandes qualités.

Voici quelques évocations des très nombreuses et magnifiques valeurs du dernier prophète (ﷺ) :

- « Après que ses adversaires Mecquois l'ont rejeté et n'ont pas cru en son message, l'Islam… »

- « Après l'avoir persécuté et maltraité, et essayé de le tuer à plusieurs reprises… »

- « Après l'avoir torturé et tué beaucoup de ses disciples et de leurs proches... »

- « Après l'avoir combattu, lui et ses compagnons, et chassé de leurs maisons, des propriétés et terres... »

Quelle a été la réaction de Muhammad (ﷺ) envers ses ennemis Mecquois quand il entra dans La Mecque pour la libérer de l'idolâtrie et du paganisme ?

Le bonheur et la joie de Muhammad (ﷺ) et des musulmans de revenir dans leurs demeures et dans la ville sainte étaient alors immenses après cette grande victoire à La Mecque.

Le Prophète Muhammad (ﷺ) a réuni les Mecquois, qui ont craint d'être blessés ou tués en représailles de leurs abus dans le passé et du meurtre de musulmans.

Muhammad (ﷺ) leur a demandé : « *Que croyez-vous que je vais faire de vous ?* »

Ils répondirent : « Tu es un frère généreux et le fils d'un honorable frère qui est des nôtres. »

C'est alors, que ce prophète tolérant, généreux et miséricordieux leur pardonna, en annonçant :

« *Aucun mal ne vous sera fait. Vous pouvez partir. Vous êtes libres.* »

- Avez-vous déjà assisté à une telle scène ? Avez-vous déjà entendu une telle histoire ? Pouvez-vous ressentir la miséricorde du prophète ?

Décrivant cet événement historique sans précédent, John Esposito a déclaré : « *Évitant la vengeance et le pillage de la conquête, le prophète a plutôt accepté un accord, l'amnistie plutôt que de sortir l'épée contre ses anciens ennemis. Pour leur part, les Mecquois convertis à l'islam acceptèrent le commandement de Muhammad, et furent intégrés au sein de la Ummah (communauté musulmane).* »

A l'opposé de cette clémence, avez-vous conscience des diverses atrocités commises par les nations qualifiées de « superpuissances », lesquelles ont injustement attaqué, envahi et torturé tout au long de l'histoire humaine?

Ainsi, plus nous découvrons la vie de Muhammad, plus nous nous rendons compte de son excellente conduite et de son admirable caractère, et de l'évidence qu'il a été **❰ envoyé comme une miséricorde pour tous les peuples[1] ❱**.

---

[1] S. 21, v. 107.

Le prophète Muhammad (ﷺ) a dit : « *J'ai été envoyé pour parfaire les nobles traits de caractère.* »

Au sujet de Muhammad (ﷺ), le Saint Coran dit : « **Et tu es certes, d'une moralité éminente**[1]. »

---
[1] S. 68, v. 4.

Chapitre 6 : Les merveilleux noms et attributs divins

Ce ne sont, ci-dessous, que quelques-unes des qualités et attributs d'Allah :

- *Allah* : Le [plus beau] nom du seul vrai Dieu.

- *Ar-Rahmân* : L'Infiniment Miséricordieux.

- *Ar-Rahîm* : Le Très Miséricordieux.

- *Al-Malik* : Le Souverain, Le Seigneur.

- *Al-Quddûs* : Le Saint.

- *As-Salâm* : La Paix.

- *Al-Hakam* : Le Juge.

- *Al-ᶜAlîm* : L'Omniscient.

- *Al-Basîr* : Le Voyant, Celui qui voit toute chose.

- *As-Samîᶜ* : L'Audient (ou L'Oyant).

- *Al-ᶜAdl* : Le Juste.

- *Al-ᶜAzhîm* : L'Immense, l'Éminent.

- *Al-Ghafûr* : Le Tout Pardonneur.

- *Al-ᶜAliy* : Le Très-Haut, Le Sublime.

« ***Les qualités absolues de beauté et de perfection appartiennent à Allah, le seul vrai Dieu. En effet, Allah aime la beauté***. » Hadith.

CHAPITRE 7 : CONCLUSION

L'Islam est la vraie religion d'Adam et Ève et de leurs enfants, jusqu'à la fin de ce monde. Elle est simple, logique, claire, pratique et complète. La beauté de l'Islam est infinie puisqu'elle provient de l'infini, le Créateur.

Le seul vrai Dieu, Allah, dit dans le Noble et authentique Coran :

❮ [...] **Aujourd'hui, J'ai parachevé pour vous votre religion, et accompli sur vous mon bienfait. Et J'agrée l'Islam comme religion pour vous. [...]**[1] ❯

Le seul vrai Dieu nous révèle que Muḥammad (ﷺ) est Son dernier et ultime prophète, envoyé à toute l'humanité (juifs, chrétiens, musulmans, hindous, bouddhistes, athées, agnostiques, etc.).

Allah a offert Sa guidance et Sa lumière à tous les hommes et leur a révélé les secrets et les clés qui permettent d'atteindre la tranquillité et le contentement, la paix spirituelle, sociale et mondiale.

---
[1] S. 5, v. 3.

L'Islam nous apprend à être justes, sages, sincères, honnêtes, objectifs et ouverts d'esprit dans notre quête de la vérité.

Échanger avec les autres et les juger doit se faire avec justice, dans une attitude positive, à travers un dialogue, un respect mutuel et un souci de compréhension.

La recherche de la vérité doit s'appuyer sur des sources fiables et des faits authentiques.

ANNEXES

SITES WEB UTILES

www.360itsrealbeauty.com
www.sultan.org
www.islamway.com
www.islamhouse.com
www.islam-guide.com
www.islamconversion.com, ajout d'Islamhouse.
www.islamreligion.com, ajout d'Islamhouse.

AUTRES PUBLICATIONS DE L'AUTEUR

- « *Qui est le Vrai Dieu ?* »
- « *Dieu dans le christianisme : Quelle est Sa nature ?* »
- « *Un Unique Message !* »

Un mot sur l'auteur

Dr Naji Arfaj est diplômé de l'université de Michigan State, États-Unis, et a complété sa maîtrise et son doctorat en linguistique appliquée en 1995. Il a passé plus de 20 ans de recherches sur la religion comparée.

Son dernier livre, « Avez-vous découvert sa réelle beauté ? », est né à la suite de ses recherches approfondies et de son expérience. Il donne fréquemment des conférences publiques à travers le monde.

Dr Naji est l'auteur de plusieurs livres (disponibles sur l'Internet, www.abctruth.net). Il intervient dans les émissions radio et de télévision. Il est également directeur du Centre de communication interculturelle en Arabie Saoudite et Directeur du Département de langue anglaise à l'Université d'Ahsâ'.

Table des matières

Première chapitre : La partie visible de l'iceberg .... - 5 -

DEUXIÈME CHAPITRE : RÉPONSE AUX QUESTIONS EXISTENTIELLES DE L'HUMANITÉ .... - 10 -

COMMENT ATTEINDRE LA PAIX D'ESPRIT, LA SÉRÉNITÉ ET LE CONTENTEMENT ? .... - 20 -

LES SIX ÉLÉMENTS DE LA FOI .... - 24 -

LES CINQ PILIERS DE L'ISLAM .... - 27 -

CHAPITRE 3 : LA BEAUTÉ ET LA PURETÉ DU NOBLE CORAN .. - 34 -

CHAPITRE 4 : ARRÊTONS-NOUS UN INSTANT POUR LIRE CETTE BELLE CONTRIBUTION .... - 47 -

CHAPITRE 5 : LA VÉRITÉ AU SUJET DU DERNIER PROPHÈTE ... - 51 -

DE NOBLES CITATIONS PROPHÉTIQUES .... - 66 -

CHAPITRE 6 : LES MERVEILLEUX NOMS ET ATTRIBUTS DIVINS. - 72 -

CHAPITRE 7 : CONCLUSION .... - 74 -

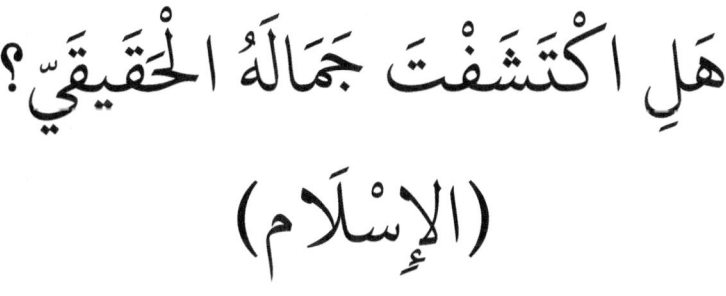

هَلِ اكْتَشَفْتَ جَمَالَهُ الْحَقِيقَيَّ؟
(الإِسْلَام)

باللغة الفرنسية

www.ingramcontent.com/pod-product-compliance
Lightning Source LLC
Chambersburg PA
CBHW070332120526
44590CB00017B/2857